LINGUAGEM CORPORAL

Como Dominar A Habilidade Para Uma Vida Efetiva

(As Melhores Dicas Para Melhorar Sua Linguagem Corporal)

Carrol Rice

Traduzido por Daniel Heath

Carrol Rice

Linguagem Corporal: Como Dominar A Habilidade Para Uma Vida Efetiva (As Melhores Dicas Para Melhorar Sua Linguagem Corporal)

ISBN 978-1-989837-29-0

Termos e Condições

De modo nenhum é permitido reproduzir, duplicar ou até mesmo transmitir qualquer parte deste documento em meios eletrônicos ou impressos. A gravação desta publicação é estritamente proibica e qualquer armazenamento deste documento não é permitido, a menos que haja permissão por escrito do editor. Todos os direitos são reservados.

As informações fornecidas neste documento são declaradas verdadeiras e consistentes, na medida em que qualquer responsabilidade, em termos de desatenção ou de outra forma, por qualquer uso ou abuso de quaisquer políticas, processos ou instruções contidas, é de responsabilidade exclusiva e pessoal do leitor destinatário. Sob nenhuma circunstância qualquer, responsabilidade legal ou culpa será imposta ao editor por qualquer reparação, dano ou perda monetária devida às informações aqui contidas, direta ou indiretamente. Os respectivos autores são proprietários de todos os direitos autorais não detidos pelo editor.

Aviso Legal:

Este livro é protegido por direitos autorais. Ele é designado exclusivamente para uso pessoal. Você não pode alterar, distribuir, vender, usar, citar ou parafrasear qualquer parte ou o conteúdo deste ebook sem o consentimento do autor ou proprietário dos direitos autorais. Ações legais poderão ser tomadas caso isso seja violado.

Termos de Responsabilidade:

Observe também que as informações contidas neste documento são apenas para fins educacionais e de entretenimento. Todo esforço foi feito para fornecer informações completas precisas, atualizadas e confiáveis. Nenhuma garantia de qualquer tipo é expressa ou mesmo implícita. Os leitores reconhecem que o autor não está envolvido na prestação de aconselhamento jurídico, financeiro, médico ou profissional.

Ao ler este documento, o leitor concorda que sob nenhuma circunstância somos responsáveis por quaisquer perdas, diretas ou indiretas, que venham a ocorrer como resultado do uso de informações contidas neste documento, incluindo, mas não limitado a, erros, omissões, ou imprecisões.

Índice

Parte 1 1

Introdução 2

Capítulo 1 – Os Princípios Básicos De Leitura Corporal 4

Capítulo 2– Tipos De Movimento Corporal 8

Capítulo 3 – Emoções Comuns E Sua Linguagem Corporal Correspondente 16

Capítulo 4 – Considerando O Contexto Por Trás Do Movimento 26

Capítulo 5 – Como Ler Pessoas Através Da Linguagem Corporal 29

Capítulo 6 – Usando A Linguagem Corporal Em Seu Benefício 38

Conclusão 41

Parte 2 43

Introdução 44

Capítulo 1: Uma Introdução Acinésica 47

O QUE É LINGUAGEM CORPORAL? 47
POR QUE A COMPREENSÃO DA LINGUAGEM CORPORAL É TÃO IMPORTANTE? 48
OUTROS BENEFÍCIOS DE APRENDER A LINGUAGEM CORPORAL: 52

Capítulo 2: Janelas Para A Alma 56

Capítulo 3: Linguagem Dos Lábios 64

Capítulo 4: Gestos Das Mãos 70

Capítulo 5: Fale Com As Mãos 74

Capítulo 6: As Pernas Não Mentem 82

Conclusão 87

Parte 1

Introdução

Eu quero te agradecer e te parabenizar por baixar este livro. Este livro contém passos e estratégias comprovados em como usar a linguagem corporal em seu benefício. Ele contém informações sobre os tipos comuns de linguagem corporal e como eles estão relacionados com as suas emoções e estado mental. As informações neste livro te ajudarão a entender a psicologia que está contida em tais movimentos. Elas te darão discernimento em relação a como as pessoas fazem expressões, gestos, e outros movimentos corporais.

Até o final deste livro, você estará apto a ler as expressões, gestos, e movimentos corporais das pessoas em sua volta. Você estará mais preparado para diferenciar pessoas confiantes de pessoas que não têm confiança. Você também estará mais preparado para diferenciar emoções variadas nas pessoas, mesmo que elas tentem escondê-las. Você também terá as informações necessárias para notar quando as pessoas estão mentindo. Por último, você estará apto para usar a informação deste livro para melhorar as suas próprias habilidades de interação com as pessoas.

Aprenda a fazer tudo isso e mais começando pelo primeiro capítulo.

Obrigado novamente por baixar este livro. Espero que você goste!

Capítulo 1 – Os princípios básicos de leitura corporal

Quando as pessoas estudam línguas na escola, elas se focam apenas em palavras, vocabulário, gramática, literatura, e semelhantes. A maioria dos sistemas acadêmicos falham em falar sobre a importância da parte não-verbal da linguagem. Coletivamente, são chamados de sinais não-verbais. Entretanto, são mais popularmente conhecidos como linguagem corporal.

A maioria das pessoas pensam que estes sinais não-verbais estão ali simplesmente para complementar o aspecto verbal da linguagem. Profissionais discordam disso. Eles sugerem que a linguagem corporal tem um propósito mais importante. Tais movimentos e expressões refletem o que uma pessoa está realmente pensando.

Quando você está falando pessoalmente com outras pessoas, sua linguagem corporal sempre acompanha suas interações. Ela não está apenas presente quando você está falando mas também quando está reagindo ou até pensando. Contudo, na maioria do tempo, as pessoas não estão conscientes que elas estão gesticulando, fazendo expressões, e outras formas de linguagem corporal. Isso é porque a maioria dos tipos de linguagem corporal não acontecem conscientemente. Como piscar ou respirar, a linguagem corporal acontece espontaneamente ao que o corpo requer. É como um reflexo. Muito poucas pessoas conseguem controlar.

Origens da linguagem corporal funcional

Os profissionais em comunicação na modernidade sugerem que a linguagem corporal que as pessoas usam hoje em dia evoluiu com o tempo. Tudo começou antes dos humanos desenvolverem linguagem estrutural. Em um tempo onde os humanos não tinham palavras para se comunicar uns com os outros, eles utilizavam gestos para se comunicar com seus semelhantes. Eles também usavam outras partes do corpo para transmitir mensagens para outras pessoas.

Em tempos antigos, a comunicação acontecia entre amigos e inimigos. Alguns tipos de linguagem corporal eram feitos para amigos enquanto outros eram feitos para inimigos.

Essa linguagem corporal funcional se tornou um dos fatores que contribuíram para a sobrevivência da humanidade. Aqueles que interpretavam a linguagem corporal de forma precisa em outros humanos tinham mais chances de sobreviver. Humanos antigos que não a interpretavam corretamente não sobreviviam e seus genes nunca tinham a chance de se multiplicar em gerações futuras.

A maioria da linguagem corporal funcional antiga ainda existe hoje. Quando um homem quer exercer sua dominância, por exemplo, ele ainda infla seus músculos, tentando parecer maior. Este é o motivo pelo qual existem pessoas obcecadas em aumentar o tamanho de seus músculos.

Origens da linguagem corporal de reflexo

Alguns tipos de linguagem corporal acontecem como reações instantâneas a estímulos. Estes tipos de linguagem corporal também eram traços de sobrevivência. Nos tempos antigos, quando alguém ficava surpreso, por exemplo, seus olhos se arregalavam, seu mecanismo de fuga ou luta era ativado e ele fazia gestos defensivos. Milhares de anos atrás, a maioria das coisas que surpreendiam seres humanos eram um perigo para suas vidas. Eles precisavam destes movimentos corporais para aumentar suas chances de sobreviver.

As pessoas ainda utilizam a linguagem corporal de reflexo em suas interações diárias. Mas porque elas tentam controlar suas reações o tempo todo, sua linguagem corporal de reflexo apenas se mostra por um segundo ou menos.

Capítulo 2– Tipos de movimento corporal

Neste capítulo, você vai aprender sobre os diferentes tipos de movimentos corporais que você pode observar em seu objeto. Para estar apto a aprender o significado de movimentos corporais, primeiro você deve classificá-los. Aqui estão alguns dos tipos comuns de movimentos que pessoas usam para se comunicar:

- **Gestos**

Gestos são movimentos de braços e mãos que acompanham a comunicação. Eles podem acontecer enquanto a pessoa está falando. A maioria dos treinadores de comunicação enfatizam o uso de gestos para seus estudantes tornarem seus discursos mais memoráveis.

Ao ler a linguagem corporal, você deve evitar se atentar demais aos gestos de pessoas que foram treinadas para competições que envolvem falar em público e outras formas de falar. Estes gestos praticados vão enganar você sobre as emoções e pensamentos verdadeiros de quem está falando.

Gestos são mais valiosos em te dar informações quando você os observa como reações a estímulos. A maioria das pessoas utilizam os movimentos das mãos e dos braços para se defender. Você estará apto para observar os estágios iniciais de auto-defesa se você observar as mãos e braços das pessoas quando estão estressados.

Uma pessoas estressada, por exemplo, pode fechar o punho. Você verá isso como um sinal que a pessoa está com medo. Quando você está estressado, seu cérebro manda sinais para o corpo bombear mais sangue para os seus braços e pernas. As pessoas usam essas partes do corpo para se defender e também para fugir.

- **Tremer/sacudir**

Tremer/sacudir também é uma forma comum de movimento que pode ser utilizada para ler pessoas. Em alguns casos, você verá as mãos ou os braços das pessoas sacudirem. Pessoas com transtorno de estresse pós-traumático, por exemplo, frequentemente têm mãos trêmulas quando certos estímulos os lembram dos eventos que causaram o trauma. A mesma coisa acontece com pessoas que estão experienciando abstinência de alguma substância. Não existem diferenças particulares na maneira que as pessoas tremem/sacodem. A melhor maneira de saber o motivo é saber melhor sobre o passado da pessoa.

Tremer/ sacudir também ocorre em eventos do dia-a-dia. Uma pessoa que não está acostumada com multidões, por exemplo, pode experienciar suas mãos tremerem involuntariamente enquanto fazem um discurso. Uma pessoa ansiosa também pode sentir uma necessidade involuntária de sacudir suas pernas enquanto espera por algo.

- **Expressão facial**

Além de observar os gestos e agitação involuntária das pessoas, você também deve começar a prestar atenção às expressões dos olhos e da face das pessoas. A maioria dos humanos possuem a capacidade natural de relacionar as expressões com as emoções das pessoas. Você saberá se uma pessoa está brava apenas olhando para sua expressão facial. É mais fácil ler emoções básicas baseadas em expressões faciais normais.

Isso se torna mais complicado quando a pessoa está tentando esconder as emoções que está sentindo. Isso é comum quando uma pessoa sente uma emoção negativa forte em um ambiente social. Nesses tipos de situações, uma pessoa pode se sentir com raiva, triste ou desapontada mas tentar seu máximo para não demonstrar. Uma pessoa com raiva pode mostrar uma boca sorridente mas seus olhos e punhos mostram raiva.

Ao ler as expressões faciais das pessoas em situações como essa, você deve observar movimentos voluntários e involuntários separadamente. A boca e os músculos em volta, por exemplo, são normalmente bem controlados pelas pessoas mesmo em situações estressantes. Os olhos, por outro lado, são mais difíceis de controlar. O mesmo acontece com áreas que se contorcem quando as pessoas estão estressadas. Isso normalmente acontece nos cantos dos olhos e da boca.

Na mesma situação, você vai observar que uma pessoa estressada possui pupilas dilatadas. Isso permite que os olhos fiquem mais focados em situações de perigo. Normalmente, isso possibilita uma pessoa que está se defendendo a se focar em seus inimigos.

- **Microexpressões**

É ainda mais desafiador observar micro expressões. Esses movimentos faciais minúsculos acontecem involuntariamente. Eles normalmente ocorrem logo após o cérebro de uma pessoa recebe e analisa uma informação e então cria uma reação mental. Quando o cérebro produz uma reação, a pessoa pode mostrá-la em alguns músculos de seu rosto. É perceptível apenas por um breve período porque a consciência da pessoa assume o controle rápido.

Pessoas que se especializam em analisar micro expressões fazem uma lista desses movimentos faciais comuns e presumem que pessoas com as mesmas origens produzem as mesmas reações para certas emoções. Você pode tentar observar algumas micro expressões mas elas são muito difíceis de se notar porque ocorrem apenas por alguns milissegundos. Até mesmo profissionais necessitam usar gravações de pessoas para estarem aptos a detectá-las e analisá-las.

- **Ritmo de movimento**

Você também pode perceber muito sobre o estado mental de alguém através da rapidez de seus movimentos. Se uma pessoa está se movimentando mais rápido do que o normal, você pode considerar que ela está em um estado mental de estresse. Através do ritmo de movimento você também pode saber sobre as origens da pessoa. A maioria das pessoas que cresceram em áreas altamente urbanizadas estão programadas para se movimentar rapidamente. Pessoas que cresceram em áreas rurais estão mais propícias a se movimentar mais devagar.

- **Postura**

A postura de uma pessoa também é evidência para detectar seu temperamento. Uma pessoa triste ou desapontada pode apresentar ombros caídos e costas arqueadas. Uma pessoa feliz pode apresentar costas eretas e um leque maior de movimentos.

Você pode aprender muito sobre as pessoas observando sua postura quando estão perante a estranhos ou multidões. Uma pessoa que possui experiência nesses tipos de interações podem demonstrar que está confortável. Você pode vê-la com as costas eretas e o peito para a frente. O pescoço também estará reto, expondo o queixo.

Uma pessoa menos confiante, por outro lado, pode demonstrar nervosismo. Você poderá observar hesitação em encarar as pessoas. A pessoa também poderá apresentar costas arqueadas e o rosto virado para baixo.

Capítulo 3 – Emoções comuns e sua linguagem corporal correspondente

Neste capítulo, você vai aprender sobre a linguagem corporal comumente apresentada em emoções do dia-a-dia. Este capítulo também inclui estados mentais comuns que podem ser detectados ao observar a linguagem corporal.

Felicidade

Um rosto feliz deve apresentar um sorriso genuíno. O sorriso não deveria ser aparente apenas na boca, mas também nos olhos. A maioria das pessoas que fingem felicidade tendem a apresentar um sorriso em sua boca mas elas falham em fazer o mesmo gesto com seus olhos.

O sorriso da pessoa deve se estender de bochecha a bochecha com os cantos da boca se enrugando. Você também deve observar a mesma contração nos cantos dos olhos da pessoa. O resto do rosto deve estar relaxado. Você pode observar músculos relaxados nas maçãs do rosto da pessoa e nas sobrancelhas.

Também deve haver uma liberação repentina de energia que pode causar hiperatividade em algumas pessoas. Alguns não podem ficar parados após ouvirem notícias que os fazem felizes. Após a euforia inicial passar, o sujeito parecerá mais relaxado.

Medo

O medo ocorre quando as pessoas sentem que algo pode ser uma ameaça em suas vidas. Em resposta, o cérebro cria uma série de reações que aumentam suas chances de sobrevivência na presença de uma ameaça. Os olhos se tornam mais abertos para aumentar a quantidade de luz que pode entrar. A pessoa pode abrir a sua boca como se para entrar mais ar. Os músculos da testa se contraem ao que o resto do rosto fica mais tensionado.

Você também vai observar tensão na maioria dos músculos do corpo do sujeito. Particularmente, você verá seus braços tensionados, como que se preparando para se defender. Em alguns casos, essa tensão vai durar apenas por um momento quando o medo tiver passado.

Raiva

Franzir a testa é o sinal mais comum de raiva. Os olhos e a boca também se tornam mais estreitos. Pessoas com lábios maiores podem fazer um pouco de "beicinho". Isso acontece como resultado dos músculos da boca se tornando mais tensionados. Você também vai observar uma respiração acelerada nos movimentos do peito. Algumas pessoas que se tornam agitadas quando ficam com raiva podem inflar suas narinas ao que respiram rapidamente e intensamente.

A maioria das pessoas cerram seus punhos quando estão com raiva. Você também vai observar algumas pessoas usando seu dedo indicador para argumentar. Ao que a raiva aumenta e é alimentada pelas reações das pessoas, os gestos se tornam mais exagerados.

Desgosto

O desgosto é um sentimento que as pessoas apresentam perante a coisas desprazerosas, como sentir o cheiro de um animal morto ou ver um ambiente sujo. A tolerância das pessoas para coisas desgostosas varia. Se você está acostumado com o cheiro de animais mortos, por exemplo, você pode não sentir desgosto perante a isso.

A evidência mais comum de desgosto é a contração dos músculos do nariz quando exposto a um objeto repugnante. O espaço entre as sobrancelhas também pode se contrair. Os músculos da bochecha devem também se levantar. A pessoa pode criar gestos relacionados a seu nariz. Ela também pode usar suas mãos para cobrir o nariz e a boca e bloquear o cheiro.

Tristeza

Lágrimas são o sinal mais comum de tristeza. Entretanto, a maioria das pessoas tentem esconder suas lágrimas em ambientes sociais. Para ver sinais de tristeza, você deve observar os músculos controláveis do rosto da pessoa como a boca, as bochechas, e as sobrancelhas. Esses músculos normalmente caem quando a pessoa está triste. Isso inclui os cantos externos dos olhos e os músculos das bochechas. Os cantos da boca também devem ficar para baixo. O mesmo padrão pode ser apresentado nos ombros de uma pessoa. O ritmo de movimento deve ser mais lento do que o normal.

Surpresa

Surpresa e medo podem ser demonstrados de maneira similar na linguagem corporal de uma pessoa. As sobrancelhas de uma pessoa que está surpresa se levantarão. Rugas na testa podem ser observadas e a boca poderá ficar aberta e a mandíbula se abrir. Quando surpresas, pessoas frequentemente levantam seus braços em um movimento para se defenderem da fonte de um som alto ou um objeto que se move rapidamente.

mouth may be open or the jaw may drop. When surprised, people often raise their arms in a motion to protect themselves from the source loud noise or the fast moving object.

Estados mentais comuns

Confiança vs Falta de confiança

Na maioria dos casos, é fácil diferenciar uma pessoa confiante de uma pessoa que não é confiante. Uma pessoa confiante fala com certa presunção. Ela pode demonstrar vontade de liderar tarefas em casa ou no trabalho. Quando falando, uma pessoa confiante irá mostrar que está confortável usando seus gestos na conversa. Uma pessoa que não possui confiança pode limitar as ações de suas mãos e braços. Pessoas confiantes também não possuem medo de contato visual. Quando conversando, elas fazem contato visual para argumentar. Aqueles que não possuem autoconfiança podem desviar o olhar rapidamente.

Dizendo a verdade

Uma das razões pela qual a maioria das pessoas aprendem a ler linguagem corporal é para poderem saber se as pessoas estão mentindo ou não. Apenas as pessoas que não estão acostumadas a mentir podem ser pegas contando uma mentira através de sua linguagem não-verbal. Algumas pessoas estão tão acostumadas a mentir que elas não se sentem incomodadas com isso.

Quando pessoas comuns mentem, sua consciência faz com que eles questionem o que estão fazendo. Isso se apresenta na maneira como se comportam. Se você conhece bem a pessoa, você vai notar que algo está errado. Você poderá ouvir uma pequena mudança em seu tom de voz. Algumas pessoas não conseguem para de suar quando mentem porque ficam nervosas.

É mais desafiador pegar estranhos em uma mentira porque você não conhece seus maneirismos usuais. Quando você precisa pegar um estranho mentindo, você deve olhar para a consistência da linguagem corporal que a pessoa apresenta. Quando as pessoas mentem,

há sempre uma parte de sua linguagem corporal que demonstra nervosismo.
Um bom mentiroso vai tentar esconder essa parte do corpo. Algumas pessoas têm medo de fazer contato visual quando mentem porque acham que seus olhos vão entregar que estão mentindo. Para tentar esconder a mentira, elas podem desviar seu olhar e evitar contato visual. Outros tentam não mostrar suas mãos porque pensam que vão tremer muito quando mentirem. Você deve observar se uma pessoa está tentando esconder certas partes do corpo enquanto falam.
Você também deve observar as áreas da face que são difíceis de controlar. Se uma pessoa diz que está feliz mas seus olhos não sorriem juntamente com a boca, isso pode querer dizer que tem algo errado.
Pessoas que não estão acostumadas a mentir também podem tentar acelerar a conversa ou mudar de assunto. Elas fazem isso porque não estão confortáveis em mentir. Elas tentam contar a mentira o mais rápido possível e mudar o assunto. Também podem fazer isso tentando

parecer ocupadas e aumentando o ritmo de seus movimentos.

Comportamento dominante vs submisso

Na maioria dos casos, você poderá precisar identificar também os tipos de personalidades das pessoas baseado em seu comportamento. A tendência de uma pessoa a dominar um grupo, por exemplo, pode ser um fator importante a se considerar.

Uma pessoa que quer mostrar um comportamento dominante pode tentar ocupar o máximo de espaço que pode. No escritório, você verá a pessoa dominante se transferir de um cubículo para o outro para interagir com os outros. Ele ou ela pode também apresentar força através do tom de sua voz. Você também vai observar alguns sinais de confiança nesses tipos de pessoas mas elas apenas os apresentam para pessoas dominantes.

Pessoas com personalidades dominantes quase sempre iriam querer estar na posição mais proeminente do grupo. Em uma mesa, por exemplo, eles normalmente sentarão na área onde todos podem vê-los. Quando interagindo com outros, eles normalmente usam gestos fortes para enfatizar seu argumento e intimidar pessoas. Eles normalmente se utilizam de movimentos que ocupam muito espaço. O uso deles do espaço também irá ser apresentado na maneira como se sentam e se levantam. Pessoas com personalidades dominantes frequentemente se sentam com seus pés mais afastados do que a maioria das pessoas. Elas também escolherão uma posição mais larga ao ficarem de pé.

Você também irá notar que as pessoas com personalidade dominante se utilizam mais do espaço das outras pessoas. Quando interagindo com outros, eles irão falar com você de perto sem pedir permissão.

Capítulo 4 – Considerando o contexto por trás do movimento

Ao analisar a linguagem corporal, nenhum movimento deve ser considerado independentemente. Você deve coletar toda informação que você tem e comparar com o contexto no qual a linguagem corporal foi avaliada. Aqui estão algumas das razões pelas quais você deve considerar o contexto por detrás dos movimentos corporais:
:
- Algumas emoções refletem os mesmos movimentos corporais.

Algumas emoções totalmente opostas podem criar movimentos faciais e corporais semelhantes. Um sorriso, por exemplo, não é sempre uma maneira de demonstrar felicidade. Muitas pessoas sorriem quando estão estressadas.
- Pessoas podem tentar esconder expressões faciais e corporais óbvias.

Muitas situações forçam as pessoas a esconder suas expressões reais. Se um professor raivoso faz algo engraçado, os estudantes podem fazer seu melhor para esconder seu sentimento de entretenimento.
- Algumas pessoas foram treinadas para manter uma face sólida.

Pessoas em certas profissões são treinadas a manter uma face constante independente de suas emoções. A maioria dos policiais, por exemplo, são excelentes em manterem suas emoções e reações escondidas quando estão trabalhando. Eles precisam separar suas emoções da situação para se assegurarem que estão lidando objetivamente com cada decisão.

Outras profissões desenvolveram habilidades em esconder suas emoções através de expreriência. Algumas pessoas estão tão acostumadas a mentir que os sinais usuais não são mais apresentados quando o fazem.

- Pessoas de culturas diferentes podem apresentar linguagem corporal diferente.

Mesmo se você se tornar um mestre em como as pessoas em sua volta usam a linguagem corporal, você poderá encontrar pessoas de culturas diferentes e elas podem apresentar diferentes tipos de linguagem corporal. Por conta disso, você ainda deve tomar cuidado ao ler a linguagem corporal enquanto considerando o contexto.

Capítulo 5 – Como ler pessoas através da linguagem corporal

Quando você tentar ler outras pessoas, você vai precisar tornar o processo mais organizado. Para tanto, você deve seguir os seguintes passos:
1. Identifique o alvo.

Se você quer uma boa leitura das pessoas através de seu uso da linguagem corporal, você precisa fazê-lo com uma pessoa por vez. Se você tem um novo empregado, por exemplo, você pode estudá-lo como o chefe da empresa. Se você está competindo com alguém por uma promoção, você pode escolher aquela pessoa. Certas profissões também precisam se utilizar da arte de leitura da linguagem corporal. Um professor, por exemplo, pode estar apto a se comunicar com seus estudantes melhor se souber sobre seus pensamentos e humores do momento.

Se você estiver tentando ler muitas pessoas ao mesmo tempo, você pode considerar fazer anotações do que você aprender para organizar as informações. Ter gravações também te torna apto a voltar para as informações que encontrou no passado como materiais de referência no futuro.
2. Identifique o temperamento usual da pessoa.

A maioria das pessoas possuem um temperamento "padrão" . Algumas pessoas estão sempre alegres. Também existem pessoas que estão sempre faladoras.
Você deve considerar as emoções que uma pessoa habitualmente usa como um mecanismo de enfrentamento. Uma pessoa que está sempre com raiva pode usar essa emoção como um mecanismo de enfrentamento para o estresse.
Ao identificar as emoções que as pessoas manifestam usualmente, você estará apto a saber se eles não estão agindo como o usual. Por exemplo, um estudante falador

pode ir às aulas um dia, estranhamente quieto. Isso é um sinal para o professor que algo pode estar errado. O professor pode então usar as habilidades de leitura corporal para obter mais informações.
3. Identifique as possíveis emoções que ele pode estar sentindo baseado na situação.

Quando você tiver concluído os primeiros dois passos, você deverá então identificar as informações do ambiente em volta do sujeito. Suponhamos que você está entrevistando pessoas para uma vaga de emprego e você tem um candidato claramente nervoso em sua frente. Não é uma surpresa notar que a pessoa está nervosa. Ela está obviamente tensa por conta da entrevista de emprego.

Você pode fazer uma avaliação diferente se você for um policial entrevistando um possível suspeito de um crime. Nesse caso, você precisa cavar um pouco mais fundo no sentido de porque a pessoa está nervosa através de um questionamento meticuloso.

A situação onde o alvo se encontra irá te ajudar a descobrir o seu estado mental atual. Quando você tiver identificado a situação, você deverá considerar as possíveis emoções que uma pessoa pode sentir na dada situação. Se uma pessoa está em uma entrevista de emprego, por exemplo, você pode estar apto a limitar a disposição atual dela para nervosa, confiante ou um pouco dos dois.

Ao estreitar as emoções, você estará apto a reduzir o tempo para descobrir o estado mental da pessoa. No exemplo da entrevista de emprego, você apenas precisa considerar se a pessoa está mais nervosa ou mais confiante. Você não mais precisa considerar outras emoções ou estados mentais que não se encaixam na situação atual.

4. Encontre provas das emoções certas.

Após considerar as possíveis emoções ou estados mentais do sujeito, o próximo passo é procurar por provas da disposição atual da pessoa. Ao procurar por provas, você deve sempre olhar primeiro para o rosto. Se o sujeito não sabe que você o está examinando, você poderá entender sua disposição verdadeira através de suas expressões faciais.

Pessoas que sabem que estão sendo observadas podem tentar esconder suas verdadeiras emoções. Uma pessoa orgulhosa, por exemplo, pode tentar esconder suas lágrimas quando falando em público, independente do quão emocionante o assunto possa ser.

Quando você não pode encontrar as provas que precisa nas expressões faciais do sujeito, você pode querer observar seus outros movimentos. Você deve então observar seus gestos e outros movimentos das mãos.

Se você descobrir que a pessoa está tentando esconder suas expressões faciais verdadeiras, você deve procurar movimentos que a pessoa não pode controlar. Você pode observar suas micro expressões se você puder encontrar alguma. Você também deve observar se existe tremor involuntário em seus braços ou pernas. Estes são sinais de ansiedade ou impaciência.

Após reunir informações através de linguagem corporal, você deve então fazer uma conclusão sobre o estado mental atual ou emoções da pessoa. Você deve basear sua conclusão apenas nas provas que encontrar. Se as provas não apontam para nenhuma emoção ou estado mental que você escolheu nas partes anteriores do capítulo, você pode precisar começar novamente pelo passo 1.

5. Confirme a emoção.

Após fazer sua conclusão, você deve confirmá-la com outras formas de informação. Quando você usa linguagem corporal para aprender sobre uma pessoa, você está apenas dando seu melhor palpite. Para se assegurar que você não está agindo baseado em palpites, você deve confirmar suas conclusões com mais investigações.

Se você concluiu que a pessoa está nervosa baseado em sua linguagem corporal, você pode dizer que ela parece nervosa e perguntar o motivo.

Encontrando sinais de linguagem corporal únicos

A maioria das pessoas aprenderam que é fútil impedir suas expressões e linguagem corporal. Para esconder suas verdadeiras emoções, eles tentam adicionar mais sinais que podem enganar outros. Isso é uma habilidade comum entre jogadores de pôquer. Em um jogo de pôquer, espera-se que todos sejam enganosos. As pessoas que não podem esconder que estão sendo enganosas normalmente apresentam sinais. Alguns jogadores podem suar demais. Outros podem demonstrar nervosismo em sua voz. Algumas pessoas podem também apresentar certos movimentos que elas constantemente apresentam quando estão blefando. Esses sinais consistentes para blefes ou mentiras são chamados "tiques".

Um jogador que está blefando pode olhar para suas cartas viradas para baixo quando está blefando. Esse pode ser um de seus "tiques" . "Tiques" também existem na vida real. São ações ou movimentos involuntários que as pessoas apresentam quando estão em um certo estado mental. Um homem pode começar a bater seus dedos em uma superfície quando começa a se sentir com raiva e está tentando controlar sua raiva. Este é um "tique" que você pode utilizar para evitar confrontos raivosos no futuro com a dita pessoa.

O que faz de uma ação um "tique"

- é consistente.

Uma pessoa deve apresentá-la consistentemente em uma condição específica. "Tiques" normalmente acontecem no começo de emoções negativas fortes. Podem ser observados em pessoas que desenvolveram um hábito de usar gestos para transmitir emoções negativas. Uma pessoa com problemas com a raiva, por exemplo, podem criar certos movimentos logo antes de explodirem.

- É único e pessoal.

A maioria dos "tiques" são únicos para cada pessoa. Diferente da linguagem corporal e expressões, "tiques" não são compartilhados pela população. Em outras palavras, as pessoas os desenvolvem em níveis diferentes.
- São criados inconscientemente.

"Tiques" são mais efetivos em te prover

"Tells" are most effective in giving you insights about a person when the person doing them are not aware of them. "Tells" are a set of mannerisms that consistently happen before, during or after a specific mental state. If a person learns about his "tells," he may try to avoid doing them in the future. In most cases, you should not tell people of their "tells" and just use it to read them.

Capítulo 6 – Usando a linguagem corporal em seu benefício

Ao aprender sobre como outras pessoas vêem a linguagem corporal, você estará apto a manipular seus próprios movimentos e postura em benefício próprio.

Para mostrar características de liderança

Você pode usar seu conhecimento sobre linguagem corporal para mostrar para as pessoas com as quais você interage que você está no controle da situação. Quando as pessoas em sua casa ou ambiente de trabalho precisam de liderança. você pode mostrar provas de liderança para conseguir a confiança das pessoas em sua volta. A maioria das pessoas ficariam estressadas em algumas situações e podem ficar tensas e chateadas no processo. No seu caso, ao que seus músculos ficarem tensionados por conta do estresse, você pode respirar fundo até que relaxem novamente. As pessoas em sua volta vão perceber se você estiver tenso. Elas podem também se sentir estressadas se sentirem que seu líder está estressado.

Para passar melhor sua mensagem

Quando tentando lembrar de mensagens, as pessoas tentam se lembrar de ambos sinais auditivos e visuais. Para estar apto a tornar suas mensagens mais memoráveis, você precisa se assegurar que você usa o espaço que você tem ao entregar sua mensagem. Se você está falando em público, ao invés de meramente falar no pódio, você deve usar o palco inteiro. Você também deve fazer gestos praticados e bem planejados melhor se você se utilizar de movimentos mais largos porque eles vão se lembrar de como você se parecia quando você falava.

Para se tornar um negociador melhor

A maioria dos profissionais de hoje não são confiantes quanto a suas habilidades de negociação. Ao negociar, você está tentando ler a pessoa com a qual você está falando. A pessoa que entrega sua posição cedo na negociação tem mais chances de perder.

Primeiro, você quer saber se a pessoa com a qual você está falando está nervosa quanto a interação. Se sim, isso pode querer dizer que eles estão sendo pressionados pelas pessoas em sua volta a fechar o negócio. Pèssoas que estão sob pressão para fazer um acordo normalmente estão em posição de desvantagem na negociação porque elas precisam fazer um acordo mesmo por um preço ruim.

Nervosismo também pode significar que o outro negociador é um iniciante no processo. Se esse é o caso, você pode estar apto a forçar pessoas a fechar o negócio nos seus termos.

Conclusão

Obrigado novamente por baixar este livro! Espero que este livro o tenha ajudado a entender e usar a linguagem corporal.

O próximo passo é usar a informação que você aprendeu neste livro em seu dia-a-dia. Você pode se utilizar da informação neste livro para qualquer tipo de interação. Entretanto, antes que você possa começar a ler as pessoas, você primeiro precisa observar as pessoas em sua volta.

Isso te dará discernimento sobre os tipos de movimentos que elas usam frequentemente. Se você sabe como as pessoas em sua volta se movimentam em interações e situações normais, você poderá identificar se existem peculiaridades em seus movimentos em circunstâncias especiais, como quando estão mentindo.

Finalmente, se você gostou deste livro, então eu gostaria de te pedir um favor, você poderia fazer a gentileza de deixar

sua avaliação para este livro? Eu apreciaria muito!
Clique aqui para avaliar este livro!
Obrigado e boa sorte!

Parte 2

Introdução

Obtenha acesso instantâneo gratuito

Eu gostaria de agradecê-lo e felicitá-lo por baixar o livro.

Este livro contém etapas e estratégias comprovadas sobre como desenvolver uma percepção mais precisa dos pensamentos, emoções, razões e personalidades de outras pessoas através da leitura de sua linguagem corporal.

A maioria das pessoas acredita que a melhor maneira de aprimorar suas habilidades sociais é aprendendo a falar bem. Ao contrário, o segredo para uma comunicação bem-sucedida está na escuta ativa, e não na fala ativa. Assim, ouvir mensagens verbais não é suficiente. É preciso, também, desenvolver a habilidade de "ouvir" as mensagens não-verbais.

O conhecimento da linguagem corporal é essencial na construção dos relacionamentos, sejam eles de natureza pessoal ou profissional. No contato inicial,

50% do nosso julgamento em relação aos outros é baseado em informações visuais. De fato, formamos a nossa opinião a respeito dos outros imediatamente, muito antes de uma única palavra ser dita. Nesse breve momento de contato, é decidido, quase instantaneamente, se o indivíduo será um amigo ou um inimigo, um espírito semelhante ou uma força oposta, uma figura importante na vida de alguém ou uma criatura insignificante.

Os seres humanos têm uma tendência natural para a decepção, manipulação e fingimento, todos em diferentes níveis. Simplificando, todos usamos máscaras. Faz parte do nosso instinto de autopreservação. Mas,embora as pessoas possamgovernarsuas palavras de forma consciente, o subconsciente tende a se expressar através da linguagem corporal.

Aprender a ler a linguagem corporal é uma habilidade que permitirá que você se proteja das más intenções alheias. Além disso, irá ajudá-lo a encontrar e a se conectar com almas afins, para que você desfrute de uma vida mais satisfatória.

Através deste livro, você aprenderá como interpretar o significado da linguagem corporal de outras pessoas, desde a maneira como elas mexem os olhos até a maneira como posicionam suas mãos e pés. Esse conhecimento não só lhe ajudará a entender melhor os outros, comotambém lhe ajudará a entender maissobre si mesmo. No final, o conhecimento da linguagem corporal irá ajudá-lo a melhorar a maneira como se apresenta aos outros e como trabalha em direção aos seus objetivos na vida.

Obrigada novamente por baixar este livro. Espero que goste!

Capítulo 1: Uma Introdução aCinésica

O que é Linguagem Corporal?
A linguagem corporal, no sentido mais simples, refere-se a como as pessoas se comunicam frente a frente e se expressam à parte *e* apesar das palavras ditas. Cinésica refere-se ao estudo da linguagem corporal humana. O termo deriva do grego "*kinesis*", que é uma palavra para "movimento." O médico e escritor americano Ray Birdwhistell foi o primeiro a criar este termo, no final dos anos 50. Mesmo assim, o estudo da linguagem corporal pode ser rastreado desde a Grécia e Roma antigas. Aristóteles, Hipócrates, Cícero e outros homens notáveis de suas épocas, reconheceram o significado da comunicação não verbal na liderança e na política, particularmente no discurso.

A linguagem corporal abrange, mas não está limitada:
- Ao modo como carregamos nossos corpos

- Ao modo como movemos nossos corpos
- Ao modo como posicionamos nossos corpos
- À proximidade entre os nossos corpos e os de outras pessoas
- Às nossas expressões faciais
- Ao movimento e foco dos nossos olhos
- Ao modo como tocamos os outros
- Ao modo como nos tocamos
- Ao modo como nossos corpos se conectam e respondem à objetos inanimados e ao meio ambiente
- Aos efeitos físicos menos perceptíveis e respostas involuntárias, tais como respiração, rubor, transpiração, etc.
- Às micro expressões
- À nossa voz (volume, tom, ritmo, pausa, entonação, etc.)

Por que a compreensão da linguagem corporal é tão importante?
Até 80% das comunicações humanas são consideradas não vocais. Nossos ancestrais, que viviam nas cavernas,

aprenderam a se expressar através de seus corpos, muito antes de conseguirem criar um sistema vocal de comunicação. A linguagem corporal é instintiva. Apesar do fato de os seres humanos terem sido capazes de formular meios verbais de comunicação, é impossível eliminar a nossa tendência de falar através do corpo. Tomemos como exemplo uma pessoa que acena com a cabeça ou mexe as mãos enquanto fala com alguém pelo telefone. Ela faz isso, mesmo tendo total consciência de que a outra pessoa não pode vê-la. A linguagem corporal, como outros aspectos do comportamento humano, faz parte da evolução humana.

A linguagem corporal é a maneira como transmitimos e interpretamos emoções, atitudes e estados de espírito, consciente e inconscientemente. Assim, a capacidade de compreender a linguagem corporal torna-se ainda mais importante quando a conversa envolve elementos comportamentais ou emocionais.

A capacidade de decodificar a linguagem corporal dos outros nos fornece três grandes vantagens. Uma delas é nos permitir determinar o que os outros sentem e o que realmente querem dizer, apesar do que estão dizendo. Assim, a capacidade de interpretar a linguagem corporal nos permite ver através da máscara de uma pessoa. Ela nos permite distinguir entre o que é verdadeiro e o que ela quer que você pense ser verdadeiro.

Quando as pessoas interpretam sua linguagem corporalerroneamente, isso pode causar uma falha em uma comunicação que poderia ter sido bem-sucedida. Também, pode causar o fim do que poderia ter sido um bom relacionamento. Você pode estar dizendo todas as palavras certas, mas a sua mensagem pode ser deturpada pela forma como você move seus olhos, suas mãos ou sua boca. Um maneirismo, um olhar de soslaio, um mero movimento de um músculo facial ... tudo isso tem o poder de transformar o significado de suas palavras, positiva ou negativamente.

Da mesma forma, isso pode influenciar a maneira pela qual os outros interpretam seu caráter. Tomemos como exemplo um homem que tenta ajudar uma senhora com sua bagagem. Ele tem boas intenções, claro. Mas, da formacomo ele deixa as mãos dentro dos bolsos,isso sugere algo ao subconsciente da mulher, que é: "Este homem pode estar escondendo alguma coisa. Portanto, não devo confiar nele. "E assim a mulher recusa sua ajuda. Outro exemplo é um candidato político desleixado. Imediatamente, as pessoas o interpretam como alguém desprovido de confiança e inteligência. Além disso, ele pode ser julgado por vários eleitores como sendo preguiçoso ou com pouca força de vontade. Apesar de sua plataforma brilhante e de seus discursos inteligentes, é improvável que ele conquiste a confiança e o apoio dos eleitores.

A segunda vantagem de aprender sobre a linguagem corporal é que ela pode fornecer uma visão mais profunda sobre comoas outras pessoas podem captar seus sinais não-vocais. Assim, entender a linguagem corporal é aumentar a autoconsciência.

Muitas vezes, você pode se encontrar dizendo uma coisa, mas querendo dizer outra. Aprender a ler a *sua própria linguagem corporal* mostra o caminho para a clareza e para o autoconhecimento. Isso permite que você ouça sua voz consciente mais dominante e aumente sua sensibilidade para a voz do seu subconsciente. Simplificando, ao entender sua própria linguagem corporal, você será capaz de entender a mensagem que seu eu interior está tentando transmitir ao seu eu exterior. E assim, você será capaz de descobrir o que seu coração realmente deseja.

Outros benefícios de aprender a linguagem corporal:

Aprender a ler a linguagem corporal melhora suas habilidades de comunicação. A linguagem corporal desempenha um papel importante na determinação da natureza e do futuro de cada relacionamento que você constrói. Se você procura estabelecer um relacionamento, seja ele pessoal ou profissional, o conhecimento da linguagem corporal o ajudará a se conectar melhor com os outros.Se você conseguir captar pequenos sinais não verbais, obterá uma percepção mais precisa da personalidade de um indivíduo, dos sentimentos dele e do seu estado de espírito.

Ser capaz de ler a linguagem corporal ajuda a impedir o conflito antes que ele se agrave. A capacidade de perceber a linguagem corporal defensiva,o levará a lidar com uma situação com tato, antes que a outra pessoa fique ainda mais chateada.

O conhecimento da linguagem corporal nos protege do engano e do prejuízo. A linguagem corporal de uma pessoa é um reflexo de seu humor e também de seu motivo. Além disso, revela seu caráter. As micro expressões referem-se aos pequenos e repentinos escapes de emoções genuínas, mesmo através da mais elaborada máscara de expressão. Elas duram apenas uma fração de segundo, tal como um breve relâmpago que ilumina o rosto de alguém. No entanto, esse fragmento de segundo é suficiente para lhe proporcionar um vislumbre dos verdadeiros sentimentos e intenções de uma pessoa. É suficiente para a sua mente subconsciente convencer sua mente consciente de uma mentira ou um perigo iminente.

O conhecimento da linguagem corporal leva a uma carreira ou negócio mais bem-sucedidos. Quer você esteja fazendo um discurso, uma apresentação, ou participando de uma reunião de negócios, a utilização adequada da linguagem corporal ajudará você a melhorar sua presença, a convencer seu ouvinte, e a enfatizar certos detalhes do seu discurso.Da mesma forma, a capacidade de ler a linguagem corporal do ouvinte ajudará você a avaliar o nível de interesse da pessoa e, possivelmente, até o que ela está pensando. Assim, isso ajudará você a determinar o momento mais apropriado para descartar certas ideias, propostas ou perguntas, e também a saber se é hora de redirecionar a conversa.

Ex.: Quando você vê seu público cruzando os braços, isso pode significar *bloqueio não-verbal*. Avalie se você precisa esclarecer seu discurso, animar a conversa ou mudar o assunto.

Uma técnica chamada espelhamento e correspondência é uma habilidade muito útil para os empreendedores. Ela envolve a observação hábil e a imitação da linguagem corporal de outra pessoa para ganhar sua confiança.

Ex.: Em uma reunião de negócios, após seu sócio pegar uma bebida e tomar um gole, espere alguns segundos. Então, pegue sua bebida e faça o mesmo.

Isso é guiado pela teoria de que as pessoas são naturalmente inclinadas a gostar de indivíduos semelhantes a elas, e isto se deve ao nosso instinto de procurar por espécies semelhantes.

Capítulo 2: Janelas Para a Alma

Dizem que os olhos são as janelas para a alma de uma pessoa. Um único olhar pode deter a magnitude de mil palavras. [1]Oculesics é um ramo da Cinesiologia que se preocupa com o estudo da comunicação não verbal relacionada aos olhos.

Instintivamente, possuímos a capacidade de saber o que uma pessoa está pensando ou sentindo, apenas olhando em seus olhos. No entanto, essa habilidade inata é enfraquecida por preconceitos pessoais e culturais. Subconscientemente, você já deve saber o que um determinado olhar significa, mas pode conscientemente escolher rejeitar esse conhecimento, devido a várias razões. Uma delas pode ser porque esse conhecimento não é compatível com o que você deseja acreditar.

---

[1] Oculesics, uma subcategoria da Cinésica, é o estudo do movimento dos olhos, comportamento dos olhos, olhar e comunicação não-verbal relacionada aos olhos. [Nota da Tradutora]

A linguagem corporal, incluindo o movimento dos olhos, é instintiva. No entanto, também é influenciada pelo meio ambiente, ou seja, tornou-se o resultado tanto da natureza *quanto* da criação. Éinato e aprendido. Por exemplo, movimentos oculares como a dilatação e a contração das pupilas são resultados de respostas involuntárias do corpo e, portanto, significam o mesmo para a maioria dos indivíduos, independentemente da cultura. Piscar, entretanto, juntamente com outros gestos corporais menos básicos, são determinados ambientalmente. Assim, seus significados podem variar de cultura para cultura, de sociedade para sociedade. Ex.: Tradicionalmente, na cultura anglo-saxônica, o contato visual contínuo significa honestidade e confiança. No entanto, na maioria das culturas asiáticas, isso é interpretado como hostilidade.

Sinais Visuais e seus Significados:
Quando o cérebro está no modo criativo, os olhos de uma pessoa tendem a olhar

para a direita. Quando o cérebro está tentando lembrar alguma coisa, a tendência dos olhos é de se mover para a esquerda. Isso acontece porque o hemisfério direito do cérebro está preocupado com emoções e criatividade, enquanto o hemisfério esquerdo está preocupado com fatos e memória.

Quando os olhos de uma pessoa estão **olhando para a direita**, isso significa que sua mente está ocupada criando algo. Há uma possibilidade de que o que ela esteja dizendo no momento seja simplesmente uma invenção. Dependendo do contexto, a pessoa pode estar mentindo ou especulando.

Se você perceber que os olhos dela estão **fixados para a direita e para baixo**, isso significa que ela está tentando acessar suas emoções. Isso sugere que o indivíduo está, no momento, examinando seus sentimentos em relação ao assunto. Nesse caso, o que quer que esteja dizendo pode ser tanto verdadeiro quanto falso.

Quando você está falando com alguém que olha **para a direita e para cima**, isso revela que a pessoa está tentando imaginar algo visualmente. É possível que, no momento, ela esteja mentindo, especialmente se tiver que confirmar fatos ou lembrá-los.

Quando é solicitado que alguém confirme os fatos e os olhos da pessoa se movem **para a direita e para os lados**, ela pode estar tentando imaginar sons. Há uma chance de que as informações dela não sejam confiáveis.

Por outro lado, se o indivíduo olha **para a esquerda e para os lados**, ele pode estar genuinamente tentando lembrar sons. Além disso, ele pode estar tentando lembrar o que ouviu a outra pessoa dizer.

Geralmente, **olhar para a esquerda** enquanto fala sugere que o locutor está tentando lembrar os fatos. Há uma grande chance de que ele esteja dizendo a verdade. No entanto, nem sempre é possível garantir que a memória do locutor seja totalmente precisa. O ponto é que ele está falando a verdade no que diz respeito à sua memória.

Quando uma pessoa está olhando **para a esquerda e para baixo**, isso é um indicativo de diálogo interno. Ela pode estar elaborando uma opinião ou uma decisão.

Quando olocutor mantém **contato visual direto com o ouvinte**, isso transmite honestidade. Se essa honestidade é genuína ou artificial, isso é outra questão.

Quando o ouvinte mantém **contato visual direto com o locutor**, isso mostra interesse na conversa ou na pessoa. Isso significa que ele pode estar fascinado pelo assunto, ou por você.

Olhos arregalados geralmente significam um interesse crescente por uma pessoa, um objeto ou o assunto da conversa. No entanto, se as sobrancelhas estão levantadas, isso pode significar surpresa. Caso contrário, o olhar arregalado é um movimento instintivo, geralmente feito por mulheres para aumentar o fator do desejo. O objetivo é assumir dimensões faciais infantis, de modo a apelar para a natureza protetora e carinhosa da outra pessoa.

Pupilas dilatadas, sinal de atração. Claro, o tipo de atração depende do contexto. Em encontros românticos, pupilas dilatadas revelam atração sexual.

Normalmente, as pessoas piscam os olhos de 10 a 20 vezes por minuto. Piscar é um alto indicativo dos processos mentais de uma pessoa. Pense nisso como algo semelhante ao seu ritmo cardíaco por minuto. Quanto mais estressante uma atividade mental, mais você pisca. **Piscar com frequência** sugere que a pessoa está animada ou pode estar se sentindo pressionada. Piscar com frequência nem sempre significa que o locutor esteja mentindo. No entanto, observe que mentir envolve um aumento da atividade mental, porque, durante esse período, você precisa inventar uma história, garantir que os detalhes estejam alinhados racionalmente e, ao mesmo tempo, precisa estar consciente de sua linguagem corporal para não se entregar.

Piscar muito raramenteé um indicativo de concentração. No entanto, se os olhos não estão focados em um assunto em particular, então pode significar tédio, como "olhar fixamente para o nada." Em alguns casos, pode expressar pensamentos ou emoções hostis.

Sobrancelhas levantadas e abaixadas rapidamente revelam reconhecimento. Macacos e outros primatas usam essa expressão para reconhecer um ao outro, seja por afeição ou por medo.

Piscaré o gesto ocular menos fundamental, considerado como um sinal íntimo. Sugere o compartilhamento de um segredo mútuo entre duas pessoas.

Outra maneira de saber se uma pessoa está mentindo é procurarpor **divergências no comportamento dos olhos.** Por exemplo, uma pessoa tímida que geralmente evita seu olhar, pode repentinamente olhar diretamente nos seus olhos, como um gesto defensivo quando ela está mentindo.

Olhos que se movem por todos os ladosrevelam uma tensão crescente. A pessoa está instintivamente procurando um meio de escapar. Se ela estiver fazendo isso enquanto é solicitada a retransmitir fatos, existe uma grande possibilidade de que ela não esteja falando a verdade.

Já percebeu como as crianças **olham para os dedos dos pés** quando inventam histórias? Os adultos ainda fazem o mesmo, instintivamente. Eles podem mascarar esse comportamento ao vasculhar o conteúdo da bolsa, arrumar os talheres na mesa, etc. Isso fica mais evidente se a pessoa tocar na nuca e tentar esfregá-la. O objetivo dessa ação é aliviar a tensão que está aumentando nessa área.

Capítulo 3: Linguagem dos Lábios

Usamos nossa boca para verbalizar palavras, mas quando se trata de comunicação não verbal, a boca é uma das partes mais expressivas do corpo humano. Desde a infância, muito antes de dizermos nossas primeiras palavras, usamos nossa boca para expressar nossas necessidades, desejo por segurança e vários tipos de amor. (Ex.: alimentação, beijos, etc.). Outro fator que contribui para a expressividade da boca é o fato de que ela contém muitas partes em movimento.

Os sorrisos são uma grande parte da linguagem corporal. Geralmente, os **sorrisos genuínos** são simétricos e vão até os olhos. Procure pelas linhas ao redor da boca.

Um **sorriso falso**, por outro lado, não consegue alcançar os olhos. Isso é um indicativo de descontentamento. Também pode significar um consentimento hesitante em relação a algo.

Um **sorriso retesado**, sem mostrar os dentes, sugere um segredo. Dependendo do contexto, também pode ser uma maneira de expressar rejeição ou suspeita. De qualquer forma, isso mostra que o indivíduo tem a intenção de guardar suas verdadeiras emoções para si mesmo.

Um **sorriso torto**, em que a pessoa mostra expressões conflitantes, uma de cada lado do rosto, pode significar que ela esteja experimentando emoções misturadas. Quando feito intencionalmente, mostra sarcasmo.

Um **sorriso em que a mandíbula está estranhamente caída** é outro sorriso não genuíno. Isso é feito pela maioria das pessoas por impulso, para fingir alegria ou diversão.

Tensão ao redor da boca mostra que a pessoa está tentando se controlar. Este comportamento pode ser provocado por raiva, ansiedade ou tristeza. Pense na boca como uma represa, tentando segurar todos os sentimentos, para que a enxurrada de emoções não transborde.

Em contraste, **lábios ligeiramente separados** são uma linguagem corporal acolhedora. No namoro, isso revela desejo, e muitas vezes é o precursor de um beijo.

A mordida nos lábios é um sinal de estresse. Dependendo do contexto, a pessoa pode estar nervosa, insegura, ou concentrada em seus pensamentos.

Lamber os lábios parcial e rapidamente pode ser causado pelo nervosismo. Uma pessoa faz isso para estimular os nervos labiais e, portanto, liberar a tensão interna. Quando um indivíduo está consciente de seus movimentos corporais, pode ser que ele não faça isso. No entanto, o estresse pode ser tão grande, que ele acabe colocando a língua para fora por alguns instantes. Isso não significa, necessariamente, que ele esteja mentindo. No entanto, você pode concluir que ele não tem certeza sobre a exatidão de suas palavras. Preste atenção nos lábios ou na língua protuberante para fora, mesmo que por um segundo, enquanto uma pessoa menciona um detalhe particular.

Se você perceber que o **lábio inferior da pessoa está se projetando para fora**, entenda que isso é um impulso defensivo. O objetivo disso é buscar simpatia ou impedir um ataque.

O **ranger dos dentes** revela o deslocamento das emoções que a pessoa direcionou para dentro. Isso ocorre quando ela tenta suprimir uma reação natural.

Outro sinal de tensão, repressão e transferência interna direcionada é a **mastigação constante da gengiva**.

Pessoas ansiosas recorrem a certos comportamentos auto reconfortantes. Tais comportamentos incluem **chupar o dedo**. Isso permite que a pessoa regresse à fase infantil onde, como bebê, ela recebeu conforto e segurança através da amamentação. Um adulto não precisa, necessariamente, chupar o dedo para se acalmar. No entanto, pode fazer outras coisas com a boca, que sugerem uma ansiedade velada. Estes comportamentos incluem fumar ou mastigar uma caneta.

Roer as unhas sugere agressão direcionada ao 'eu.' Como o ranger dos dentes, revela repressão emocional e, assim como chupar o dedo, é um comportamento de auto conforto. Em vez de ser causada pela ansiedade, roer unhas é uma demonstração externa de ansiedade.

Lábios franzidos revelam ponderação ou indecisão. A pessoa pode estar lutando com o desejo de expressar uma decisão. Quando você perceber alguém franzindo seus lábios, este pode ser o momento oportuno para fortalecer seu ponto de vista ou inclinar a balança da conversa a seu favor. Você precisa fazer isso antes que ela externe sua decisão, porque uma vez que a decisão tenha sido vocalizada, ela se torna muito mais difícil de ser revertida.

Quando você nota que a **língua da pessoa está se projetando, brevemente, no centro da boca,** como se ela tivesse acabado de provar algo de gosto ruim, você pode interpretar isso como um aviso de rejeição iminente.

Capítulo 4: Gestos das Mãos

Para onde a cabeça vai, o corpo inevitavelmente segue. Decifrar os movimentos da cabeça é crucial para saber o que uma pessoa pensa. Afinal, é onde o cérebro está localizado.

Geralmente, quando uma pessoa está **balançando a cabeça**, seja consciente ou inconscientemente, isso significa que ela concorda com o que você está dizendo. Isso não se limita apenas aos movimentos nítidos ascendentes e descendentes da cabeça. Esteja atento aos pequenos acenos, quase imperceptíveis, durante uma conversa.

Quando um **ouvinte está balançando a cabeça devagar e ritmicamente**, isso pode significar que ele está ouvindo atentamente. No entanto, você precisa averiguar essa hipótese procurando outras dicas não verbais, como o foco dos olhos da pessoa.

Quando o ouvinte está **balançando a cabeça rapidamente**, isso significa que ele compreendeu seu ponto e, portanto, é hora de passar para o próximo assunto. De certa forma, este gesto de cabeça indica impaciência.

Quando a **cabeça de uma pessoa está firme**, isso revela um estado de espírito imparcial. Isso significa que ela está, na verdade, receptiva à sugestão. Então, quando você vê a **cabeça de uma pessoa firme** em sua direção, esse é o momento perfeito para influenciá-la.

Por outro lado, quando a **cabeça está erguida**, isso mostra firmeza e arrogância. Além disso, quando o queixo do indivíduo está contido, isso revela orgulho e desafio. Isso é especialmente verdadeiro se o pescoço estiver exposto e estendido para cima. Esta é uma resposta instintiva para parecer mais alto e maior e, assim, intimidar a outra pessoa.

Se a cabeça de uma pessoa está **pendendo para um lado**, isso expõe vulnerabilidade à sugestão. Quando a cabeça do outro está inclinada de tal forma que o pescoço fica exposto, isso significa que ele confia em você. Quando as pessoas inclinam a cabeça, isso pode significar muitas coisas diferentes, dependendo do contexto. Pode ser usado para expressar simpatia ou preocupação. Se você está falando, isso significa que a pessoa está pedindo que você prossiga. No namoro, a cabeça inclinada para o lado significa interesse. No entanto, quando a cabeça está inclinada para o lado e para cima, é para expressar uma sensação de incredulidade, como se a pessoa estivesse dizendo: "Sério?"

Quando a cabeça do indivíduo está na **posição vertical e inclinada para a frente em direção a você**, isso mostra que ele está interessado em você ou no que você está dizendo.

Por outro lado, se sua cabeça está **inclinada para a frente em uma direção descendente**, isso sugere censura e serve para avisá-lo sobre uma crítica iminente. Isto é especialmente verdadeiro se essa pessoa estiver em uma posição de autoridade.

Tradicionalmente, quando o movimento da **cabeça tremendo lateralmente** é vigoroso, isso é usado para mostrar que a pessoa discorda fortemente de você. Dito isso, o tremor da cabeça de um lado para o outro não significa, automaticamente, discordância. Pode, também, expressar um sentimento de descrença. Dependendo do contexto, isso pode ser causado por frustração.

Quando os **movimentos da cabeça são erráticos** e acompanhados pelos olhos se movendo freneticamente, isso revela que a pessoa está passando por um estresse de desconforto. Isso mostra que ela assume um comportamento típico de um animal enjaulado.

Quando uma pessoa **impulsiona a cabeça para a frente**, esse gesto brota do instinto animal de prender a presa. Isso mostra que ela está no modo agressivo. No entanto, quando o indivíduo **recua a cabeça**, ele está em modo de proteção, muito parecido com uma tartaruga voltando para a segurança de seu casco.

Capítulo 5: Fale com as Mãos

Entender a linguagem das extremidades superiores é essencial, porque elas são frequentemente usadas pelas pessoas para servirem ou como barreiras defensivas, ou como indicadores de uma atitude de acolhimento.Em comparação com a maioria das partes do corpo, as mãos contêm mais conexões nervosas para o cérebro. Gestos manuais são usados para:

- Dar ênfase a objetos, palavras, ideias ou emoções
- Demonstrar um ponto
- Transmitir sinais conscientes com significados específicos (ex.: polegares para cima, o sinal de 'ok', o sinal da paz, mostrar o dedo como sinal de agressão, etc.)
- Cumprimentos e despedidas

O mais importante, no entanto, é que as extremidades superiores tendem a liberar, inconscientemente, sinais para trair as emoções verdadeiras de uma pessoa.

Cruzar os braços é um gesto de proteção, comumente realizado pelas pessoas quando elas se sentem ameaçadas. Se vocês estão conversando, isso mostra que ela está relutante ou desinteressadasobre suas ideias. Algumas pessoas podem ser conscientes o suficiente para não cruzarem os braços, mas seu nervosismo pode ser visto através de outros gestos de proteção, como, por exemplo, segurar um objeto (bolsa, livro, jornal, etc.), na frente do corpo. O mesmo acontece com segurar um copo de bebida na frente do corpo usando as duas mãos.

Preste atenção nos punhos. Eles estão cerrados? **Braços cruzados, acompanhados de punhos cerrados,** são mais do que simplesmente um sinal de defesa, também são um sinal de agressão.

Geralmente, **punhos cerrados**indicam "prontidão para o combate. " Se o combate é com os outros ou consigo mesmo,isso depende inteiramente do contexto. A pessoa pode, de fato, estar cerrando os punhos para fortalecer sua determinação.

Você pode determinar quando a pessoa está se sentindo insegura se ela estiver **segurando os braços**. Esse gesto protetor surge da necessidade de "abraçar" e, portanto, de se tranquilizar.

Pessoas que exercem cargos de autoridade, geralmente adotam uma postura onde**seguram os braços atrás do corpo enquanto apertam as mãos**. Isso mostra confiança.

Fique atento aos**sinais sutis de nervosismo**, manifestados por meio de ações de "ajuste", tais como corrigir o relógio de pulso, a gravata, o colarinho, etc. Quando os homens usam as mãos para ocultar sutilmente sua região genital, isso também pode ser interpretado como um sinal de nervosismo.

Outro sinal não tão óbvio de nervosismo, é quando a pessoa com quem você está se encontrando,apoia o braço esquerdo na mesa enquanto segura um objeto do lado direito, e vice-versa. O mesmo se aplica a uma pessoa que toca seu ombro esquerdo com o braço direito e vice-versa. Simplificando, qualquer ação que coloque o braço sobre o corpo pode ser interpretada como um gesto protetor.

Geralmente, quando a **palma da mão da pessoa está visível e firme**, isso pode ser interpretado como honestidade ou submissão. Essa ideia universal vem da época em que as pessoas tinham que revelar as palmas das mãos para provar que não estavam segurando nenhuma arma. Dito isso, as pessoas podem facilmente executar esse gesto intencional para transmitir uma falsa aparência de inocência.

Por outro lado, quando as **palmas das mãos estão voltadas para baixo**, isso indica o desejo de dominar. Isso é especialmente verdade se o antebraço estiver situado sobre o corpo.

Outro gesto manual, frequentemente usado para convencer o ouvinte ou para ganhar simpatia, é **descansar a mão no lado esquerdo do peito**. É claro que não há como determinar a veracidade da pessoa, além de procurar por mais sinais não verbais.

Quando você nota uma pessoa **movendo as palmas das mãos para cima e para baixo**, como se ela estivesse pesando alguma coisa, isso é porque ela está pesando opções hipotéticas em sua mão. Ou seja, ela está tentando chegar a uma certa decisão, mas ainda não tem certeza de sua escolha. Esse seria um bom momento para influenciá-la.

Um gesto único com a mão cortada no ar é usado para expressar encerramento. Quando uma pessoa faz isso, ela quer dizer que deu sua última palavra sobre o assunto. Assim, ela está finalizando a discussão.

Dedos apontando para cima são usados para transmitir um nível de pensamento mais alto. Médicos, advogados e outras pessoas que exercem cargos de autoridade, tendem a fazer isso com frequência para demonstrar sua superioridade. No entanto, quando os dedos estão apontando para você, é para criar uma barreira protetora, em vez de mostrar conhecimento ou poder.

Quer estejam em repouso em uma mesa ou no colo, **dedos entrelaçados** geralmente revelam nervosismo.

Fique atento aos **comportamentos auto reconfortantes**, que indicam insegurança ou frustração. Eles incluem estalar as articulações dos dedos, punhos cerrados com o polegar para dentro e puxar as orelhas.

Quando as **mãos de uma pessoa estão dentro do bolso**, isso demonstra falta de entusiasmo. Ela não está interessada no seu assunto e é improvável que participe de qualquer atividade que você a instigue a fazer.

Ao observar os gestos das mãos de outras pessoas, é possível saber se as mesmas estão mentindo ou exagerando os fatos. Tenha cuidado quando alguém fica, continuamente, **tocando o nariz**. Isso é, exceto quando a pessoa está beliscando o nariz. Neste caso, ela pode estar tentando esconder seu discurso. Ao fazer isso, ela está suprimindo sua respiração (embora de forma ineficaz), de modo a impedir que escape o que quer que seja que tenha em mente. Se você quiser saber o que ela está pensando, então incentive-a a falar.

Quando uma pessoa **aperta as mãos ao redor da cabeça**, ela está formando um 'pseudo capacete', como para se proteger de um problema no qual ela não deseja se envolver.

Quando conversam, as pessoas realizam **gestos manuais para se prepararem para falar**.Fique atento a esses movimentos, tais como quando uma pessoa tira seus óculos, mexe suas mãos para frente, ou levanta a mão. Dessa forma, você é capaz de manter uma conversa de duas vias.

O pescoço é uma parte vulnerável do corpo. Assim, quando uma pessoa usa os movimentos da mão para **cobrir, esfregar ou arranhar o pescoço**, isso significa um gesto protetor. Ou o indivíduo se sente ameaçado, ou ele não acredita no que você está dizendo.

Quando você percebe que uma pessoa está **apertando os pulsos**, isso mostra que ela está se esforçando para não realizar uma ação ou um discurso. Se você quer saber o que ela tem em mente, então esse pode ser um bom momento para convencê-la a falar.

Por outro lado, **mãos nos quadris** revelam que alguém está pronto para realizar uma ação. No contexto do namoro, os homens inconscientemente fazem isso para chamar a atenção da outra pessoa para a região genital.

Dependendo inteiramente do contexto, passar as mãos pelos cabelos pode significar aborrecimento ou flerte.

Capítulo 6: As Pernas não Mentem

Em comparação com outras partes do corpo, os movimentos das mãos e dos pés são mais difíceis de controlar. Um mentiroso experiente pode estar no controle total de suas palavras, expressões faciais e até mesmo de seus gestos manuais. No entanto, o movimento de suas extremidades inferiores pode denunciá-lo.

Observe a **direção das pernas da pessoa** e veja para onde seus joelhos e pés estão apontando. Se os joelhos estiverem cruzados, observe para onde a parte superior deles está apontando. Isso mostrará, instantaneamente, seu objeto de interesse. Por exemplo, uma pessoa pode estar falando com você, mas seus joelhos e pés podem estar apontados para o bar. Isso sugere que, embora ela esteja ouvindo você, ela também quer beber alguma coisa, e esse pensamento ocupa, naquele momento, uma grande parte de sua mente. Também é seguro assumir que, quando os pés de uma pessoa estão apontados para você, ela está interessada no que você está dizendo.

Pernas em posição relaxada, neutra ou aberta, sugerem uma atitude acessível. Neste momento, o indivíduo pode estar aberto às suas sugestões.

Por outro lado, pernas cruzadas revelam uma atitude fechada. O ouvinte pode estar desinteressado, cauteloso ou nãoconvencido. Isso também pode ser interpretado como um gesto de proteção.

Quando as pernas estão cruzadas formando o número 4, ainda é considerado como um gesto de proteção, pois cria uma barreira entre você e a pessoa com quem você está conversando. No entanto, isso resulta de teimosia, e não de nervosismo. Quando o indivíduo adota essa postura, e então coloca a mão esquerda no tornozelo direito, ou a mão direita no tornozelo esquerdo, isso indica resistência.

Quando uma pessoa procura assumir uma postura dominante, ela tenta ocupar o máximo de espaço possível. Isso é visto quando um indivíduo, mais comumente um homem, se senta com uma **postura espaçosa, de pernas abertas**; isto é especialmente verdadeiro se acompanhado por gestos amplos dos braços.

Tornozelos cruzados indicam uma atitude defensiva. A pessoa pode estar tentando reprimir um sentimento negativo.

A maneira como uma pessoa posiciona as pernas enquanto está em pé diz muito sobre o que ela pretende fazer. Se suas **pernas estão bem afastadas**, isso revela prontidão para a ação. Instintivamente, ela está tentando fazer seu corpo parecer maior e, portanto, mais intimidante.

No entanto, quando uma pessoa exibe uma postura de 'tesoura', em que suaspernas estão cruzadas enquanto ela está em pé, issoé sinal de falta de confiança.Observe os braços da pessoa. Se suas pernas estão cruzadas, mas seus braços estão livremente abertos, isso revela submissão, como se ela estivesse sendo forçada a executar uma ação, com a qual ela, relutantemente, se comprometeu a participar.

Quando as **pernas de uma mulher estão cruzadas**, isso pode significar duas coisas: ela é insegura ou está tentando seduzir alguém. Tudo depende do contexto. Outro possível sinal de flerte é quando a mulher brinca com seu sapato, balançando-o em seu pé.

Quando os **joelhos de uma pessoa se dobram enquanto ela está em pé**, isso sugere que ela está sob muito estresse.Também indica que ela tem uma obrigação pesada.

Ao contrário do que alguns possam acreditar, uma **postura rígida com as pernas juntas** não significa, necessariamente, segurança.Na verdade, isso significa submissão. Pense nos soldados saudando seus superiores.

No final, a maneira mais eficiente de ler e decifrar a linguagem corporal de outras pessoasé ...

- Observar outras pistas não verbais que sirvam de apoio
- Levar o contexto em consideração

- Verificar se existe coerência entre as palavras e outras pistas não verbais
- E, por fim, desenvolver uma conclusão baseada na soma de todas as pistas observadas, da cabeça aos pés.

Conclusão

Obrigada novamente por baixar este livro! Espero que ele tenha ajudado você a aprender a ler a linguagem corporal de outras pessoas para determinar seus pensamentos, suas emoções e suas intenções.

O próximo passo é aplicar esse conhecimento para adquirir uma compreensão mais profunda dos outros e de si mesmo. Use esse conhecimento para melhorar seus relacionamentos, sua carreira e sua vida.

www.ingramcontent.com/pod-product-compliance
Lightning Source LLC
Chambersburg PA
CBHW071908070526
44583CB00016B/1896